I0464924

# Einlagensicherungs- und Anlegerentschädigungsgesetz

# (EAEG)

Impressum

© GROELSV – Verlag, Hans-Much-Weg 14, 20249 Hamburg, Telefon: 040/ 32030598; - Redaktion GROELSV

Wir sind bemüht, ein ansprechendes Produkt zu gestalten, dass vernünftigen Ansprüchen an das Preis/Leistungsverhältnis gerecht wird. Buchbewertungen, z. B. über den Distributor Amazon sind ausdrücklich erwünscht. Konstruktive Anregungen nutzen wir gerne, um künftige Auflagen zu ergänzen und anzupassen.

# Inhaltsverzeichnis

## Einlagensicherungs- und Anlegerentschädigungsgesetz (EAEG)

-

EAEG

Ausfertigungsdatum: 16.07.1998

"Einlagensicherungs- und Anlegerentschädigungsgesetz vom 16. Juli 1998 (BGBl. I S. 1842), das zuletzt durch Artikel 6 des Gesetzes vom 15. Juli 2014 (BGBl. I S. 934) geändert worden ist"

**Stand:**        Zuletzt geändert durch Art. 6 G v. 15.7.2014 I 934

## § 1 Begriffsbestimmungen

(1) Institute im Sinne dieses Gesetzes sind

1.

CRR-Kreditinstitute im Sinne des § 1 Absatz 3d Satz 1 des Kreditwesengesetzes einschließlich Zweigstellen von Unternehmen mit Sitz im Ausland, denen eine Erlaubnis gemäß § 1 Absatz 1 Satz 2 Nummer 1 und 2 des Kreditwesengesetzes erteilt ist,

2.

Kreditinstitute, denen eine Erlaubnis zum Betreiben von Bankgeschäften im Sinne des § 1 Absatz 1 Satz 2 Nummer 4 oder 10 Kreditwesengesetzes oder zur Erbringung von Finanzdienstleistungen im Sinne des § 1 Absatz 1a Satz 2 Nummer 1 bis 4 Buchstabe a bis c Kreditwesengesetzes erteilt ist,

3.

Finanzdienstleistungsinstitute, denen eine Erlaubnis zur Erbringung von Finanzdienstleistungen im Sinne des § 1 Absatz

1a Satz 2 Nummer 1 bis 4 Buchstabe a bis c Kreditwesengesetzes erteilt ist, und

4.

externe Kapitalverwaltungsgesellschaften, denen

a)

eine Erlaubnis als Kapitalanlagegesellschaft nach § 7 Absatz 1 des Investmentgesetzes in der bis zum 21. Juli 2013 geltenden Fassung erteilt ist und die zur Erbringung der in § 7 Absatz 2 Nummer 1, 3 und 4 des Investmentgesetzes in der bis zum 21. Juli 2013 geltenden Fassung genannten Dienst- oder Nebendienstleistungen befugt sind, sofern die Erlaubnis für den in § 345 Absatz 2 Satz 1, Absatz 3 Satz 2, in Verbindung mit Absatz 2 Satz 1, oder Absatz 4 Satz 1 des Kapitalanlagegesetzbuchs genannten Zeitraum noch fortbesteht oder

b)

eine Erlaubnis nach § 20 Absatz 1 in Verbindung mit § 21 oder § 22 des Kapitalanlagegesetzbuchs erteilt ist und die zur Erbringung der in § 20 Absatz 2 Nummer 1, 2 und 3 oder Absatz 3 Nummer 2 bis 5 des Kapitalanlagegesetzbuchs genannten Dienst- oder Nebendienstleistungen befugt sind.

(2) Einlagen im Sinne dieses Gesetzes sind Guthaben, die sich aus auf einem Konto verbliebenen Beträgen oder aus Zwischenpositionen im Rahmen der Geschäftstätigkeit eines Instituts im Sinne des Absatzes 1 Nr. 1 ergeben und von diesem auf Grund gesetzlicher oder vertraglicher Bestimmungen zurückzuzahlen sind. Dazu zählen auch

Forderungen, die das Institut durch Ausstellung einer Urkunde verbrieft hat, jedoch nicht Inhaber- und Orderschuldverschreibungen, Schuldverschreibungen, welche die Voraussetzungen des Artikels 52 Absatz 4 der Richtlinie 2009/65/EG des Europäischen Parlaments und des Rates vom 13. Juli 2009 zur Koordinierung der Rechts- und Verwaltungsvorschriften betreffend bestimmte Organismen für gemeinsame Anlagen in Wertpapieren (OGAW) (ABl. L 302 vom 17.11.2009, S. 32, L 269 vom 13.10.2010, S. 27) erfüllen, sowie Verbindlichkeiten aus eigenen Wechseln.

(3) Wertpapiergeschäfte im Sinne dieses Gesetzes sind Bankgeschäfte oder Finanzdienstleistungen im Sinne des § 1 Abs. 1 Satz 2 Nr. 4, 5 oder 10 oder Abs. 1a Satz 2 Nr. 1 bis 4 des Kreditwesengesetzes oder Dienstleistungen und Nebendienstleistungen nach § 20 Absatz 2 Nummer 1, 2 und 3 und Absatz 3 Nummer 2 bis 5 des Kapitalanlagegesetzbuchs.

(4) Verbindlichkeiten aus Wertpapiergeschäften im Sinne dieses Gesetzes sind die Verpflichtungen eines Instituts zur Rückzahlung von Geldern, die Anlegern aus Wertpapiergeschäften geschuldet werden oder gehören und die für deren Rechnung im Zusammenhang mit Wertpapiergeschäften gehalten werden. Hierzu gehören auch Ansprüche von Anlegern auf Herausgabe von Instrumenten, dessen Eigentümer diese sind und die für deren Rechnung im Zusammenhang mit Wertpapiergeschäften gehalten oder verwahrt werden.

(5) Ein Entschädigungsfall im Sinne dieses Gesetzes tritt ein, wenn die Bundesanstalt für Finanzdienstleistungsaufsicht (Bundesanstalt) feststellt, daß ein Institut aus Gründen, die mit seiner Finanzlage

unmittelbar zusammenhängen, nicht in der Lage ist, Einlagen zurückzuzahlen oder Verbindlichkeiten aus Wertpapiergeschäften zu erfüllen und keine Aussicht auf eine spätere Rückzahlung oder Erfüllung besteht.

-

## § 2 Sicherungspflicht der Institute

Die Institute sind verpflichtet, ihre Einlagen und Verbindlichkeiten aus Wertpapiergeschäften nach Maßgabe dieses Gesetzes durch Zugehörigkeit zu einer Entschädigungseinrichtung zu sichern.

-

## § 3 Entschädigungsanspruch

(1) Der Gläubiger eines Instituts hat im Entschädigungsfall gegen die Entschädigungseinrichtung, der das Institut zugeordnet ist, einen Anspruch auf Entschädigung nach Maßgabe des § 4.

(2) Keinen Anspruch nach Absatz 1 haben

1.

Institute im Sinne des § 1 Absatz 1 Nummer 1 und Finanzinstitute im Sinne des Artikels 4 Absatz 1 Nummer 26 der Verordnung (EU) Nr. 575/2013 des Europäischen Parlaments und des Rates vom 26.6.2013 über Aufsichtsanforderungen an Kreditinstitute und Wertpapierfirmen und zur Änderung der Verordnung (EU) Nr. 646/2012 (ABl. L 176 vom 27.6.2013, S. 1) mit Sitz im In- oder Ausland, soweit sie im eigenen Namen und auf eigene Rechnung handeln,

2.

private und öffentlich-rechtliche Versicherungsunternehmen mit
Sitz im In- oder Ausland,

3.

Verwaltungsgesellschaften im Sinne des § 1 Absatz 14 des
Kapitalanlagegesetzbuchs mit Sitz im In- oder Ausland
einschließlich der von ihnen verwalteten inländischen, EU- und
ausländischen Investmentvermögen im Sinne des § 1 Absatz 1
des Kapitalanlagegesetzbuchs,

4.

der Bund, ein Land, ein rechtlich unselbständiges
Sondervermögen des Bundes oder eines Landes, eine
kommunale Gebietskörperschaft, ein anderer Staat oder eine
Regionalregierung oder eine örtliche Gebietskörperschaft eines
anderen Staates,

5.

Geschäftsleiter, persönlich haftende Gesellschafter oder Mitglieder
von Aufsichtsorganen des Instituts, Personen, die mindestens 5
vom Hundert des Kapitals des Instituts halten, Prüfer im Sinne des
§ 28 des Kreditwesengesetzes und Gläubiger, die eine
entsprechende Stellung oder Funktion in einem Unternehmen
haben, das mit dem Institut einen Konzern im Sinne des § 18 des
Aktiengesetzes, ohne daß es auf die Rechtsform ankommt, bildet,

6.

Ehegatten, Lebenspartner und Verwandte ersten und zweiten

Grades der unter Nummer 5 genannten Personen, es sei denn, daß die Einlagen, Gelder oder Finanzinstrumente aus dem eigenen Vermögen der Ehegatten oder der Verwandten stammen,

7.

Unternehmen, die mit dem Institut einen Konzern im Sinne des § 18 des Aktiengesetzes, ohne daß es auf die Rechtsform ankommt, bilden,

8.

Gläubiger, die bei dem Institut Sachverhalte herbeigeführt oder genutzt haben, insbesondere wenn sie auf Grund einzeln ausgehandelter Vereinbarungen hohe Zinsen oder finanzielle Vorteile erhalten haben, welche die finanziellen Schwierigkeiten verursacht oder wesentlich zur Verschlechterung der finanziellen Lage des Instituts beigetragen haben,

9.

Unternehmen, die nach den Vorschriften des Dritten Buchs des Handelsgesetzbuchs einen Lagebericht aufzustellen haben oder nur wegen ihrer Einbeziehung in einen Konzernabschluss von dieser Verpflichtung befreit sind, vergleichbare Unternehmen mit Sitz im Ausland sowie

10.

Gläubiger, deren Ansprüche gegen das Institut im Zusammenhang mit Geschäften stehen, auf Grund derer Personen in einem Strafverfahren wegen Geldwäsche im Sinne des Artikels 1 der Richtlinie 2005/60/EG des Europäischen Parlaments und des Rates vom 26. Oktober 2005 zur Verhinderung der Nutzung des

Finanzsystems zum Zwecke der Geldwäsche und der
Terrorismusfinanzierung (ABl. L 309 vom 25.11.2005, S. 15)
rechtskräftig verurteilt worden sind.

Hat der Gläubiger des Instituts für Rechnung eines Dritten gehandelt,
so ist für die Feststellung der Berechtigung der Ansprüche nach Satz 1
auf den Dritten abzustellen, sofern das Treuhandverhältnis in der
Kontobezeichnung eindeutig als solches gekennzeichnet ist.

(3) Der Anspruch des Entschädigungsberechtigten gegen die
Entschädigungseinrichtung verjährt in fünf Jahren.

(4) Für Streitigkeiten über Grund und Höhe des
Entschädigungsanspruchs ist der Zivilrechtsweg gegeben.

-

## § 4 Umfang des Entschädigungsanspruchs

(1) Der Entschädigungsanspruch des Gläubigers des Instituts richtet
sich nach Höhe und Umfang der Einlagen des Gläubigers oder der ihm
gegenüber bestehenden Verbindlichkeiten aus Wertpapiergeschäften
unter Berücksichtigung etwaiger Aufrechnungs- und
Zurückbehaltungsrechte des Instituts. Ein Entschädigungsanspruch
besteht nicht, soweit Einlagen oder Gelder nicht auf die Währung eines
EU-Mitgliedstaates oder auf Euro lauten.

(2) Der Entschädigungsanspruch ist der Höhe nach begrenzt auf

1.

den Gegenwert von 100 000 Euro der Einlagen sowie

2.

90 vom Hundert der Verbindlichkeiten aus Wertpapiergeschäften und den Gegenwert von 20 000 Euro.

Verbindlichkeiten aus Wertpapiergeschäften eines Instituts im Sinne des § 1 Abs. 1 Nr. 1 mit der Erlaubnis zum Betreiben von Bankgeschäften oder zur Erbringung von Finanzdienstleistungen im Sinne des § 1 Abs. 1 Satz 2 Nr. 4 oder 10 oder Abs. 1a Satz 2 Nr. 1 bis 4 des Kreditwesengesetzes gelten als Einlagen, sofern sich die Verbindlichkeiten auf die Verpflichtung des Instituts beziehen, den Kunden Besitz oder Eigentum an Geldern zu verschaffen.

(3) Bei der Berechnung der Höhe des Entschädigungsanspruchs ist der Betrag der Einlagen oder Gelder und der Marktwert der Finanzinstrumente bei Eintritt des Entschädigungsfalles zugrunde zu legen. Der Entschädigungsanspruch umfasst im Rahmen der Obergrenzen nach Absatz 2 auch Ansprüche auf Zinsen. Diese bestehen ab dem Eintritt des Entschädigungsfalles bis zur Rückzahlung der Verbindlichkeiten, längstens bis zur Eröffnung des Insolvenzverfahrens. Der Entschädigungsanspruch mindert sich insoweit, als der durch den Entschädigungsfall eingetretene Vermögensverlust des Gläubigers durch Leistungen Dritter ausgeglichen wird.

(4) Die Obergrenze nach Absatz 2 bezieht sich auf die Gesamtforderung des Gläubigers gegen das Institut, unabhängig von der Zahl der Konten, der Währung und dem Ort, an dem die Konten geführt oder die Finanzinstrumente verwahrt werden. Die Entschädigung kann in Euro geleistet werden.

(5) Bei Gemeinschaftskonten ist für die Obergrenze nach Absatz 2 der

jeweilige Anteil des einzelnen Kontoinhabers maßgeblich. Fehlen besondere Bestimmungen, so werden die Einlagen, Gelder oder Finanzinstrumente zu gleichen Anteilen den Kontoinhabern zugerechnet. Für Konten, die auf den Namen einer Gemeinschaft von Wohnungseigentümern geführt werden, gelten die Sätze 1 und 2 entsprechend mit der Maßgabe, dass die Mitglieder der Wohnungseigentümergemeinschaft als Kontoinhaber gelten.

(6) Hat der Gläubiger für Rechnung eines Dritten gehandelt, ist für die Obergrenze nach Absatz 2 auf den Dritten abzustellen.

## § 5 Entschädigungsverfahren

(1) Die Bundesanstalt hat den Entschädigungsfall unverzüglich festzustellen, spätestens jedoch innerhalb von fünf Arbeitstagen, nachdem sie davon Kenntnis erlangt hat, dass ein Institut nicht in der Lage ist, Einlagen zurückzuzahlen, und spätestens innerhalb von 21 Tagen, nachdem sie davon Kenntnis erlangt hat, dass ein Institut nicht in der Lage ist Verbindlichkeiten aus Wertpapiergeschäften zu erfüllen. Sie hat den Entschädigungsfall auch festzustellen, wenn Maßnahmen nach § 46 Absatz 1 Satz 2 Nummer 4 bis 6 des Kreditwesengesetzes angeordnet worden sind und diese länger als sechs Wochen andauern. Widerspruch und Anfechtungsklage gegen die Feststellung haben keine aufschiebende Wirkung. Sie veröffentlicht die Feststellungen gemäß Satz 1 und 2 im Bundesanzeiger. Die Bundesanstalt unterrichtet die Entschädigungseinrichtung, der das Institut zugeordnet ist, unverzüglich über die Feststellung.

(2) Die Entschädigungseinrichtung hat die Gläubiger des Instituts unverzüglich über den Eintritt des Entschädigungsfalles und die Frist gemäß Absatz 3 Satz 1 zu unterrichten; sie trifft geeignete Maßnahmen, um die Gläubiger innerhalb der in Absatz 4 genannten Frist zu entschädigen. Zu diesem Zweck hat das Institut der Entschädigungseinrichtung unverzüglich, spätestens jedoch innerhalb einer Woche, die für die Entschädigung der Gläubiger erforderlichen Unterlagen zur Verfügung zu stellen.

(3) Der Entschädigungsanspruch ist schriftlich binnen eines Jahres nach Unterrichtung über den Entschädigungsfall bei der Entschädigungseinrichtung anzumelden. Nach Ablauf dieser Frist ist der Entschädigungsanspruch ausgeschlossen, es sei denn, die Fristversäumnis ist vom Berechtigten nicht zu vertreten.

(4) Die Entschädigungseinrichtung hat die angemeldeten Ansprüche unverzüglich zu prüfen. Ordnungsgemäß geprüfte Ansprüche, die auf die Entschädigung von Einlagen gerichtet sind, hat die Entschädigungseinrichtung spätestens 20 Arbeitstage nach der Feststellung des Entschädigungsfalls durch die Bundesanstalt zu erfüllen. Ansprüche, die später als zwei Wochen nach der Feststellung des Entschädigungsfalls angemeldet werden, hat die Entschädigungseinrichtung spätestens innerhalb von 20 Arbeitstagen nach dem Eingang der Anmeldung zu erfüllen. § 4 Abs. 2 Satz 2 gilt entsprechend. In besonderen Fällen kann die Frist nach den Sätzen 2 und 3 mit Zustimmung der Bundesanstalt auf bis zu 30 Arbeitstage verlängert werden. Ansprüche, die auf die Entschädigung von Verbindlichkeiten des Instituts aus Wertpapiergeschäften gerichtet

sind, hat die Entschädigungseinrichtung spätestens drei Monate, nachdem sie die Berechtigung und die Höhe der Ansprüche festgestellt hat, zu erfüllen. In besonderen Fällen kann diese Frist mit Zustimmung der Bundesanstalt um bis zu drei Monate verlängert werden.

(5) Soweit die Entschädigungseinrichtung den Entschädigungsanspruch eines Berechtigten erfüllt, gehen dessen Ansprüche gegen das Institut auf sie über.

(6) Steht der Anspruch des Gläubigers im Zusammenhang mit Geschäften, auf Grund derer gegen Personen in einem Strafverfahren wegen Geldwäsche im Sinne des Artikels 1 der Richtlinie 2005/60/EG ermittelt wird, so kann die Entschädigungseinrichtung die Leistung der Entschädigung aussetzen, bis das Verfahren beendet ist.

-

## § 6 Entschädigungseinrichtungen

(1) Bei der Kreditanstalt für Wiederaufbau werden Entschädigungseinrichtungen als nicht rechtsfähige Sondervermögen des Bundes errichtet, denen jeweils eine der in Satz 2 genannten Institutgruppen zugeordnet wird.

Institutsgruppen sind

1.

   privatrechtliche Institute im Sinne des § 1 Abs. 1 Nr. 1,

2.

   öffentlich-rechtliche Institute im Sinne des § 1 Abs. 1 Nr. 1 und

3.

andere Institute.

Die Entschädigungseinrichtungen können im Rechtsverkehr handeln, klagen oder verklagt werden.

(2) Die Bundesanstalt kann ein Institut auf Antrag einer anderen Entschädigungseinrichtung zuordnen, wenn

1.

das Institut ein berechtigte Interesse an der beantragten Zuordnung darlegt,

2.

die Erfüllung der Aufgabe der Entschädigungseinrichtung, der das Institut angehört, nach Absatz 3 nicht gefährdet wird, und

3.

die andere Entschädigungseinrichtung der beantragten Zuordnung zustimmt.

Die Bundesanstalt kann Institute auch dann anderen Entschädigungseinrichtungen zuordnen, wenn alle Institute einer Entschädigungseinrichtung die Zuordnung zu anderen Entschädigungseinrichtungen beantragt haben und diese Entschädigungseinrichtungen der beantragten Zuordnung zustimmen. Beiträge und Zahlungen, die ein Institut in seiner bisherigen Entschädigungseinrichtung bezahlt hat, werden nicht auf die neue Entschädigungseinrichtung übertragen; dies gilt auch für den Wechsel der Einrichtung kraft Gesetzes wegen Änderung des Erlaubnisgegenstands. Das Nähere über die Auflösung und Abwicklung der Entschädigungseinrichtung, der die Institute bis dahin zugeordnet waren, bestimmt das Bundesministerium der Finanzen durch Rechtsverordnung.

(3) Die Entschädigungseinrichtungen haben die Aufgabe, die Beiträge der ihnen zugeordneten Institute einzuziehen, die Mittel nach Maßgabe des § 8 Abs. 1 anzulegen und im Entschädigungsfall die Gläubiger eines ihnen zugeordneten Instituts für nicht zurückgezahlte Einlagen oder für nicht erfüllte Verbindlichkeiten aus Wertpapiergeschäften zu entschädigen.

(4) Die Kreditanstalt für Wiederaufbau verwaltet die Entschädigungseinrichtungen. Sie unterliegt insoweit der Aufsicht durch die Bundesanstalt. § 7 Abs. 3 Satz 2 bis 4 gilt entsprechend. Für die Verwaltung erhält sie eine angemessene Vergütung aus den Sondervermögen.

(5) Über den Widerspruch gegen Verwaltungsakte der Entschädigungseinrichtung entscheidet die Bundesanstalt.

(6) Die Entschädigungseinrichtungen haben in regelmäßigen Abständen ihre Systeme im Hinblick auf ihre Funktionstüchtigkeit zu überprüfen. Sie haben die Bundesanstalt über die Ergebnisse der Prüfungen zu unterrichten.

(7) Sofern die Bundesanstalt Kenntnis über Umstände bei einem Institut erlangt, welche voraussichtlich den Eintritt eines Entschädigungsfalls nach sich ziehen, hat sie die Entschädigungseinrichtung, der das Institut zugeordnet ist, hiervon zu unterrichten.

-

## § 7 Beliehene Entschädigungseinrichtungen

(1) Das Bundesministerium der Finanzen wird ermächtigt, durch Rechtsverordnung Aufgaben und Befugnisse einer Entschädigungseinrichtung einer juristischen Person des Privatrechts zuzuweisen, wenn diese bereit ist, die Aufgaben der Entschädigungseinrichtung zu übernehmen, und hinreichende Gewähr für die Erfüllung der Ansprüche der Entschädigungsberechtigten bietet (beliehene Entschädigungseinrichtung). Eine juristische Person bietet hinreichende Gewähr, wenn

1.

   die Personen, die nach Gesetz oder Satzung die Geschäftsführung und Vertretung der juristischen Person ausüben, zuverlässig und geeignet sind,

2.

   sie über die zur Erfüllung ihrer Aufgaben notwendige Ausstattung und Organisation, insbesondere für die Beitragseinziehung, Verwaltung der Mittel und Auszahlung der Entschädigungen, verfügt und dafür eigene Mittel im Gegenwert von mindestens einer Million Euro vorhält.

Durch die Rechtsverordnung nach Satz 1 kann sich das Bundesministerium der Finanzen die Genehmigung der Satzung und von Satzungsänderungen der juristischen Person vorbehalten.

(2) Im Falle der Beleihung nach Absatz 1 tritt die juristische Person des Privatrechts in die Rechte und Pflichten der jeweiligen Entschädigungseinrichtung nach § 6 ein. Die Bestimmungen des § 6

16

Abs. 1 und 2 über die Zuordnung der Institute sowie des § 6 Abs. 5 bis 7 sind entsprechend anzuwenden.

(3) Beliehene Entschädigungseinrichtungen unterliegen der Aufsicht der Bundesanstalt. Die Bundesanstalt hat Mißständen entgegenzuwirken, welche die ordnungsgemäße Durchführung der Entschädigung beeinträchtigen oder das zur Durchführung der Entschädigung angesammelte Vermögen gefährden können. Die Bundesanstalt kann Anordnungen treffen, die geeignet und erforderlich sind, diese Mißstände zu beseitigen oder zu verhindern. Der Bundesanstalt stehen gegenüber den Entschädigungseinrichtungen die Auskunfts- und Prüfungsrechte nach § 44 Abs. 1 des Kreditwesengesetzes zu.

§ 8 Mittel der Entschädigungseinrichtungen

(1) Die Mittel für die Durchführung der Entschädigung werden durch Beiträge der Institute erbracht. Die Institute sind verpflichtet, Beiträge an die Entschädigungseinrichtung zu leisten, der sie zugeordnet sind. Die Beiträge der Institute müssen die Ansprüche gegen die Entschädigungseinrichtung, die entstehenden Verwaltungskosten und sonstige Kosten, die durch die Tätigkeit der Entschädigungseinrichtung entstehen, decken. Die für die Entschädigung angesammelten Mittel sind nach dem Gesichtspunkt der Risikomischung so anzulegen, daß eine möglichst große Sicherheit und ausreichende Liquidität der Anlagen bei angemessener Rentabilität gewährleistet sind.

(2) Die Institute sind verpflichtet, jeweils zum Ende eines

17

Abrechnungsjahres Jahresbeiträge zu leisten. Das Abrechnungsjahr umfasst den Zeitraum vom 1. Oktober eines Jahres bis zum 30. September des Folgejahres. In der Rechtsverordnung nach Absatz 8 Satz 1 ist eine Obergrenze für die Erhebung von Jahresbeiträgen festzulegen. Institute, die nach dem 1. August 1998 einer Entschädigungseinrichtung zugeordnet sind, haben neben dem Jahresbeitrag eine einmalige Zahlung zu leisten. Die Entschädigungseinrichtung kann nach Zustimmung durch die Bundesanstalt die Beitragspflicht herab- oder aussetzen, wenn die vorhandenen Mittel zur Durchführung der Entschädigung ausreichen.

(3) Die Entschädigungseinrichtung hat nach der Unterrichtung durch die Bundesanstalt über einen Entschädigungsfall nach § 5 Abs. 1 Satz 5 unverzüglich den Mittelbedarf festzustellen und hiernach vorbehaltlich Absatz 4 unverzüglich Sonderbeiträge zu erheben, wenn dies zur Durchführung des Entschädigungsverfahrens erforderlich ist. Die Entschädigungseinrichtung ist berechtigt, den Mittelbedarf für einen Entschädigungsfall durch Sonderbeiträge zu decken, die in Teilbeträgen zu erheben sind, soweit damit die Verpflichtung nach § 5 Abs. 4 unter Berücksichtigung der Dauer, Größe und der Umstände des Entschädigungsfalls erfüllt werden kann. Im Fall der Erhebung von Teilbeträgen hat die Entschädigungseinrichtung die betroffenen Institute über die von ihr beabsichtigte weitere Vorgehensweise zu informieren.

(3a) Sonderbeiträge sind Vorausleistungen zur Deckung des in einem Entschädigungsfall bestehenden Mittelbedarfs. Der Mittelbedarf ergibt sich aus der Gesamtentschädigung in dem Entschädigungsfall zuzüglich der zur Durchführung des Entschädigungsfalls entstehenden Verwaltungskosten und sonstigen Kosten abzüglich der für diese Entschädigung im Zeitpunkt der Feststellung zur Verfügung stehenden Mittel der Einrichtung. Die Gesamtentschädigung ist von der Entschädigungseinrichtung aus den durch die Institute nach § 5 Abs. 2 Satz 2 zu übermittelnden Unterlagen zu bestimmen. Lässt sich die Gesamtentschädigung anhand der Unterlagen nicht hinreichend bestimmen, hat die Entschädigungseinrichtung den Betrag insbesondere aufgrund der ihr vorliegenden Daten über den Entschädigungsfall und der durchschnittlichen Entschädigungsleistung und den Kosten aus den bisherigen Entschädigungsfällen bei den zugeordneten Instituten zu schätzen. Stellt die Entschädigungseinrichtung fest, dass der tatsächliche Mittelbedarf für die Gesamtentschädigung den nach Satz 3 oder 4 ermittelten Betrag übersteigt, ist die Entschädigungseinrichtung verpflichtet, unverzüglich nach dieser Feststellung weitere Sonderbeiträge zur Deckung des Mittelbedarfs zu erheben. Sonderbeiträge werden mit der Bekanntgabe der Sonderbeitragsbescheide fällig.

(4) Soweit der Mittelbedarf der Entschädigungseinrichtung durch die Erhebung von Sonderbeiträgen nicht rechtzeitig zur Erfüllung ihrer Pflichten nach § 5 Abs 4 gedeckt werden kann, hat sie einen Kredit aufzunehmen. Kann die Entschädigungseinrichtung den Kredit voraussichtlich nicht aus dem verfügbaren Vermögen bedienen, hat sie für Tilgung, Zins und Kosten Sonderzahlungen zu erheben. Sonderzahlungen werden jeweils sechs Wochen vor Fälligkeit der Kreditleistungen fällig, frühestens jedoch zwei Wochen nach der

19

Bekanntgabe der Sonderzahlungsbescheide. Anstelle der Beitragserhebung nach Absatz 3 Satz 1 kann die Entschädigungseinrichtung einen Kredit aufnehmen, wenn zu erwarten ist, dass dieser Kredit einschließlich der Zinsen und Kosten innerhalb des laufenden und des darauf folgenden Abrechnungsjahres aus dem verfügbaren Vermögen vollständig zurückgeführt werden kann, ohne dass eine Erhebung von Sonderzahlungen erforderlich wird.

(5) Die Pflicht zur Leistung von Sonderbeiträgen und Sonderzahlungen besteht für alle Unternehmen, die der Entschädigungseinrichtung zu Beginn des Abrechnungsjahres, in dem ein Sonderbeitrag oder eine Sonderzahlung erhoben wird, zugeordnet waren. Dies gilt nicht für Institute, die vor der Feststellung des Entschädigungsfalls aus der Entschädigungseinrichtung ausgeschieden sind.

(6) Die Höhe des jeweiligen Sonderbeitrags und der jeweiligen Sonderzahlung bemisst sich nach dem Verhältnis des zuletzt fälligen vollen Jahresbeitrags des einzelnen Instituts zur Gesamtsumme der Jahresbeiträge, der einmaligen Zahlungen und, in den Fällen des Satzes 3, der fiktiven Jahresbeiträge aller nach Absatz 5 beitrags- oder zahlungspflichtigen Institute. Für Institute, die noch keinen Jahresbeitrag zu zahlen hatten, tritt an die Stelle des zuletzt fälligen Jahresbeitrags die einmalige Zahlung nach Absatz 2 Satz 4. Die Rechtsverordnung nach Absatz 8 Satz 1 kann vorsehen, dass die Entschädigungseinrichtungen in Fällen des Satzes 2 auf Antrag eines Instituts und nach Vorlage von glaubhaft gemachten Planzahlen einen fiktiven Jahresbeitrag berechnen, der an die Stelle des zuletzt fälligen Jahresbeitrags tritt, sofern sich hiernach eine erhebliche Abweichung

zu der einmaligen Zahlung des Instituts ergibt. Wenn auf Grund der Bildung von Sonderposten nach § 340g des Handelsgesetzbuchs eine einheitliche und gerechte Verteilung der Leistungspflicht auf die Institute unter Berücksichtigung der Anforderungen nach Absatz 8 Satz 1 zweiter Halbsatz nicht mehr gewährleistet ist, kann die Rechtsverordnung nach Absatz 8 Satz 1 auch vorsehen, dass die Entschädigungseinrichtungen in den Fällen des Satzes 1 für Institute, die einen Sonderposten nach § 340g des Handelsgesetzbuchs bilden, einen fiktiven Jahresbeitrag berechnen, der an die Stelle des zuletzt fälligen Jahresbeitrags tritt; bei der Berechnung dieses fiktiven Jahresbeitrags werden über § 340e Absatz 4 des Handelsgesetzbuchs hinausgehend gebildete Sonderposten im Sinne des § 340g des Handelsgesetzbuchs nur in Höhe der Hälfte ihres Betrages berücksichtigt. Die Entschädigungseinrichtung ist berechtigt, in einem Abrechnungsjahr mehrere Sonderbeiträge und Sonderzahlungen zu erheben. Die in einem Abrechnungsjahr erhobenen Sonderbeiträge und Sonderzahlungen dürfen insgesamt das Fünffache des für ein Institut zuletzt fälligen Jahresbeitrags oder bei Instituten, die noch keinen Jahresbeitrag zu zahlen hatten, das Fünffache der einmaligen Zahlung oder des fiktiven Jahresbeitrags nicht übersteigen. Hat ein Institut über einen Zeitraum von drei aufeinanderfolgenden Abrechnungsjahren Sonderbeiträge oder Sonderzahlungen geleistet, dürfen in unmittelbar nachfolgenden Jahren erhobene Sonderbeiträge und Sonderzahlungen in jedem Abrechnungsjahr insgesamt das Zweifache des für ein Institut zuletzt fälligen Jahresbeitrags oder bei Instituten, die noch keinen Jahresbeitrag zu zahlen hatten, das

Zweifache der einmaligen Zahlung oder des fiktiven Jahresbeitrags nicht übersteigen. Die Entschädigungseinrichtung kann ein Institut mit Zustimmung der Bundesanstalt von der Pflicht zur Leistung eines Sonderbeitrags oder einer Sonderzahlung ganz oder teilweise befreien, wenn durch die Gesamtheit der an die Entschädigungseinrichtung zu leistenden Zahlungen Gefahr für die Erfüllung der Verpflichtungen dieses Instituts gegenüber seinen Gläubigern bestehen würde.

(7) Nach Abschluss eines Entschädigungsverfahrens hat die Entschädigungseinrichtung den Instituten über die Verwendung der Sonderbeiträge und Sonderzahlungen zu berichten. Sie hat den Instituten gezahlte Sonderbeiträge und Sonderzahlungen nach Abschluss des Entschädigungsverfahrens zu erstatten, soweit sie im Fall von Sonderbeiträgen nicht zur Durchführung des Entschädigungsfalls oder im Fall von Sonderzahlungen nicht zur Bedienung eines Kredits nach Absatz 4 Satz 1 und 2 verwendet worden sind.

(8) Das Nähere über die Jahresbeiträge, die einmaligen Zahlungen, die Sonderbeiträge und die Sonderzahlungen regelt das Bundesministerium der Finanzen durch Rechtsverordnung ohne Zustimmung des Bundesrates nach Anhörung der Entschädigungseinrichtungen; hinsichtlich der Jahresbeiträge, der einmaligen Zahlungen sowie der Sonderbeiträge und Sonderzahlungen sowie der Sonderzahlungen sind Art und Umfang der gesicherten Geschäfte, das Geschäftsvolumen und die Anzahl, Größe, Geschäftsstruktur und das Risiko der der

Entschädigungseinrichtung zugeordneten Institute, einen Entschädigungsfall herbeizuführen, zu berücksichtigen. Die Rechtsverordnung kann auch Bestimmungen zur Erhebung von Verzugszinsen für verspätet geleistete Beiträge, zur Kreditaufnahme und zur Anlage der Mittel enthalten. Das Bundesministerium der Finanzen kann die Ermächtigung durch Rechtsverordnung auf die Bundesanstalt übertragen.

(9) Aus den Beitragsbescheiden der Entschädigungseinrichtung findet die Vollstreckung nach den Bestimmungen des Verwaltungs-Vollstreckungsgesetzes statt. Die vollstreckbare Ausfertigung erteilt die Entschädigungseinrichtung. Widerspruch und Anfechtungsklage gegen Beitragsbescheide haben keine aufschiebende Wirkung.

(10) Für die Erfüllung der Verpflichtungen nach § 3 Abs. 1 haftet die Entschädigungseinrichtung nur mit dem auf Grund der Beitragsleistungen nach Abzug der Kosten nach Absatz 1 Satz 3 zur Verfügung stehenden Vermögen. Eine beliehene Entschädigungseinrichtung hat dieses Vermögen getrennt von ihrem übrigen Vermögen zu halten und zu verwalten.

–

§ 9 Prüfung der Institute

(1) Die Entschädigungseinrichtung soll zur Einschätzung der Gefahr des Eintritts eines Entschädigungsfalls regelmäßig und bei gegebenem Anlass Prüfungen der ihr zugeordneten Institute vornehmen. Sie hat die Intensität und Häufigkeit von Prüfungen nach Satz 1 an der Wahrscheinlichkeit des Eintritts eines Entschädigungsfalls bei einem

Institut und an der Höhe der in diesem Fall zu erwartenden Gesamtentschädigung auszurichten. Widerspruch und Anfechtungsklage gegen Prüfungen nach den Sätzen 1 und 2 haben keine aufschiebende Wirkung.

(2) Die Institute sind verpflichtet, der Entschädigungseinrichtung, der sie zugeordnet sind, den festgestellten Jahresabschluss mit dem dazugehörigen Prüfungsbericht unverzüglich einzureichen sowie auf Verlangen alle Auskünfte zu erteilen und Unterlagen vorzulegen, welche die Entschädigungseinrichtung zur Wahrnehmung ihrer Aufgaben nach diesem Gesetz benötigt. Während der üblichen Arbeitszeit ist den bei der Entschädigungseinrichtung beschäftigten oder für sie tätigen Personen, soweit dies zur Wahrnehmung der Aufgaben der Entschädigungseinrichtung nach diesem Gesetz erforderlich ist, das Betreten der Grundstücke und Geschäftsräume des Instituts zu gestatten. Der zur Erteilung einer Auskunft Verpflichtete kann die Auskunft auf solche Fragen verweigern, deren Beantwortung ihn selbst oder einen der in § 383 Abs. 1 Nr. 1 bis 3 der Zivilprozessordnung bezeichneten Angehörigen der Gefahr strafgerichtlicher Verfolgung oder eines Verfahrens nach dem Gesetz über Ordnungswidrigkeiten aussetzen würde. Der Verpflichtete ist über sein Recht zur Verweigerung der Auskunft zu belehren.

(3) Die Entschädigungseinrichtung darf bei einem Unternehmen, daß einen Erlaubnisantrag gemäß § 32 Abs. 1 Satz 2 des Kreditwesengesetzes bei der Bundesanstalt eingereicht hat und ihr bei einer Erlaubniserteilung zugeordnet wird, Prüfungen zur Einschätzung der Gefahr des Eintritts eines Entschädigungsfalles im Falle einer

Erlaubniserteilung vornehmen.

(4) Für die Entschädigungseinrichtungen bei der Kreditanstalt für Wiederaufbau werden die Prüfungen nach den Absätzen 1 und 3 durch die Deutsche Bundesbank durchgeführt. Die Bundesanstalt erteilt der Deutschen Bundesbank auf Vorschlag der Entschädigungseinrichtungen den Auftrag, die Prüfungen durchzuführen. Beliehene Entschädigungseinrichtungen nach § 7 haben die Prüfungen nach den Absätzen 1 und 3 durch eigene sachkundige Prüfer durchzuführen oder geeignete Dritte mit den Prüfungen zu beauftragen. Geeignete Dritte sind Wirtschaftsprüfer, vereidigte Buchprüfer, Wirtschaftsprüfungs- und Buchprüfungsgesellschaften sowie andere Dritte, die über die erforderlichen Kenntnisse und Erfahrungen verfügen, sofern keine Umstände vorliegen, die bei diesen Personen im Hinblick auf die zu prüfenden Institute Interessenkonflikte begründen können. Die beliehene Entschädigungseinrichtung hat die mit den Aufgaben nach Satz 3 betrauten Personen zu verpflichten, ihr das Vorliegen entsprechender Umstände unverzüglich mitzuteilen. Die Prüfungen dürfen nicht durch den Abschlussprüfer oder den Prüfer der Meldepflichten und Verhaltensregeln des Instituts durchgeführt werden. Die für Prüfungen entstehenden Kosten haben die geprüften Unternehmen der jeweiligen Entschädigungseinrichtung zu erstatten. Die Entschädigungseinrichtungen haben der Deutschen Bundesbank oder, in den Fällen des Satzes 3, den geeigneten Dritten den Personal- und Sachaufwand zu ersetzen.

(5) Die Entschädigungseinrichtung legt die Einzelheiten der Prüfungen

in Prüfungsrichtlinien fest, die der Genehmigung durch die Bundesanstalt bedürfen.

(6) Die Mitarbeiter der Entschädigungseinrichtung sowie die Personen, deren sich diese bedient, können die Geschäftsräume eines Instituts innerhalb der üblichen Betriebs- und Geschäftszeiten betreten, soweit die Bundesanstalt Maßnahmen gemäß § 46 des Kreditwesengesetzes gegen dieses Institut angeordnet hat. Ihnen sind sämtliche Unterlagen vorzulegen, die diese benötigen, um ein Entschädigungsverfahren gemäß § 5 Abs. 1 Satz 1 und 2 vorzubereiten. Sofern Bereiche des Instituts auf ein anderes Unternehmen ausgelagert worden sind, gelten die Sätze 1 und 2 gegenüber diesem Unternehmen entsprechend.

(7) Die Aufwendungen der Entschädigungseinrichtung zur Durchführung oder Vorbereitung eines Entschädigungsverfahrens im Sinne von § 5 hat das Institut der Entschädigungseinrichtung zu ersetzen.

(8) Erhält die Entschädigungseinrichtung im Rahmen einer Prüfung nach Absatz 1 oder in sonstiger Weise Kenntnis von Umständen, welche die Gefahr des Eintritts des Entschädigungsfalls bei einem Institut begründen, hat sie diese unverzüglich der Bundesanstalt mitzuteilen.

-

§ 10 Prüfung der Entschädigungseinrichtungen

(1) Die Entschädigungseinrichtungen haben nach Ablauf eines Kalenderjahres einen Geschäftsbericht aufzustellen und einen unabhängigen Wirtschaftsprüfer oder eine unabhängige

Wirtschaftsprüfungsgesellschaft mit der Prüfung der Vollständigkeit des Geschäftsberichts und der Richtigkeit der Angaben zu beauftragen. Die Entschädigungseinrichtungen haben der Bundesanstalt den von ihnen bestellten Prüfer unverzüglich nach der Bestellung anzuzeigen. Die Bundesanstalt kann innerhalb eines Monats nach Zugang der Anzeige die Bestellung eines anderen Prüfers verlangen, wenn dies zur Erreichung des Prüfungszwecks geboten ist; Widerspruch und Anfechtungsklage hiergegen haben keine aufschiebende Wirkung. Der Geschäftsbericht muß Angaben zur Tätigkeit und zu den finanziellen Verhältnissen der Entschädigungseinrichtung, insbesondere zur Höhe und Anlage der Mittel, zur Verwendung der Mittel für Entschädigungsfälle, zur Höhe der Beiträge sowie zu den Kosten der Verwaltung enthalten.

(2) Die Entschädigungseinrichtungen haben den festgestellten Geschäftsbericht der Bundesanstalt und der Deutschen Bundesbank jeweils bis zum 31. Mai einzureichen. Der Prüfer hat den Bericht über die Prüfung des Geschäftsberichts der Bundesanstalt und der Deutschen Bundesbank unverzüglich nach Beendigung der Prüfung einzureichen. Die Bundesanstalt und die Deutsche Bundesbank sind auch auf Anforderung über die Angaben nach Absatz 1 Satz 4 zu unterrichten. § 9 des Kreditwesengesetzes ist entsprechend anzuwenden.

-

§ 1 Ausschuß aus der Entschädigungseinrichtung

(1) Erfüllt ein Institut die Beitrags- oder Mitwirkungspflichten nach § 8

oder 9 nicht, nicht richtig, nicht vollständig oder nicht rechtzeitig, so hat die betroffene Entschädigungseinrichtung die Bundesanstalt und die Deutsche Bundesbank zu unterrichten. Erfüllt das Institut auch innerhalb eines Monats nach Aufforderung durch die Bundesanstalt seine Verpflichtungen nicht, kann die Entschädigungseinrichtung dem Institut mit einer Frist von 12 Monaten den Ausschluß aus der Entschädigungseinrichtung ankündigen. Nach Ablauf dieser Frist kann die Entschädigungseinrichtung mit Zustimmung der Bundesanstalt das Institut von der Entschädigungseinrichtung ausschließen, wenn die Verpflichtungen von dem Institut weiterhin nicht erfüllt werden. Nach dem Ausschluß haftet die Entschädigungseinrichtung nur noch für Verbindlichkeiten des Instituts, die vor Ablauf dieser Frist begründet wurden.

(2) Fällt die Erlaubnis zum Betreiben des Einlagengeschäftes gemäß § 1 Abs. 1 Satz 2 Nr. 1 des Kreditwesengesetzes oder zum Betreiben von Wertpapiergeschäften gemäß § 1 Abs. 3 weg, haftet die Entschädigungseinrichtung nur noch für Verbindlichkeiten des Instituts, die vor dem Wegfall begründet wurden.

-

§ 12 Institutssichernde Einrichtungen

(1) Institute im Sinne des § 1 Abs. 1 Nr. 1, die den Sicherungseinrichtungen der regionalen Sparkassen- und Giroverbände oder der Sicherungseinrichtung des Bundesverbandes der Deutschen Volksbanken und Raiffeisenbanken angeschlossen sind, sind keiner Entschädigungseinrichtung zugeordnet, solange diese

Sicherungseinrichtungen auf Grund ihrer Satzungen die angeschlossenen Institute selbst schützen, insbesondere deren Liquidität und Solvenz gewährleisten, und über die dazu erforderlichen Mittel verfügen (institutssichernde Einrichtungen).

(2) Die institutssichernden Einrichtungen unterliegen unbeschadet der bestehenden Aufsicht anderer staatlicher Stellen hinsichtlich der Anforderungen nach Absatz 1 der Aufsicht und Prüfung durch die Bundesanstalt; § 7 Abs. 3 Satz 4 und § 10 gelten entsprechend. Die institutssichernden Einrichtungen sind verpflichtet, der Bundesanstalt Änderungen ihrer Satzung anzuzeigen. Die Bundesanstalt unterrichtet das Bundesministerium der Finanzen, wenn Tatsachen die Annahme rechtfertigen, daß eine institutssichernde Einrichtung die Anforderungen nach Absatz 1 nicht erfüllt. Das Bundesministerium der Finanzen kann nach Anhörung der betroffenen institutssichernden Einrichtung die Feststellung treffen, daß die Anforderungen nach Absatz 1 nicht erfüllt sind.

-

### § 13 Zweigniederlassungen von Unternehmen mit Sitz in einem anderen Staat des Europäischen Wirtschaftsraums

(1) Zweigniederlassungen eines Unternehmens im Sinne des § 53b des Kreditwesengesetzes haben zu den für inländische Institute geltenden Bedingungen einen Anspruch auf Einbeziehung in eine Entschädigungseinrichtung, sofern die Entschädigung nach diesem Gesetz nach Höhe oder Umfang die Sicherung im Herkunftsstaat des Unternehmens übersteigt. Voraussetzung ist, daß dem Unternehmen

29

in seinem Herkunftsstaat die Erlaubnis zum Betreiben der Geschäfte eines CRR-Kreditinstituts oder eines Wertpapierhandelsunternehmens im Sinne des § 1 Absatz 3d des Kreditwesengesetzes erteilt ist.

(2) Die Sicherung im Sinne des Absatzes 1 ist nach Höhe und Umfang auf den die Sicherung im Herkunftsstaat übersteigenden Anteil beschränkt. Nicht gesichert sind Bankgeschäfte oder Finanzdienstleistungen mit Devisen oder Rechnungseinheiten.

(3) Erfüllt eine Zweigniederlassung, die nach Absatz 1 in eine Entschädigungseinrichtung einbezogen ist, ihre Verpflichtungen gegenüber der Entschädigungseinrichtung nicht, hat die Entschädigungseinrichtung die Bundesanstalt und die Deutsche Bundesbank zu unterrichten. Die Bundesanstalt fordert die Zweigniederlassung auf, ihre Verpflichtungen innerhalb einer von der Bundesanstalt zu bestimmenden Frist zu erfüllen. Kommt die Zweigniederlassung dieser Aufforderung nicht nach, unterrichtet die Bundesanstalt die zuständigen Behörden des Herkunftsstaats, welche die in Absatz 1 Satz 2 genannte Erlaubnis erteilt haben. Die Bundesanstalt und die zuständigen Behörden des Herkunftsstaats ergreifen im Zusammenwirken mit der Entschädigungseinrichtung alle erforderlichen Maßnahmen, um sicherzustellen, daß die Verpflichtungen nach diesem Gesetz von der Zweigniederlassung eingehalten werden.

(4) Sofern die zuständigen Behörden des Herkunftsstaats keine Maßnahmen ergreifen oder sich die Maßnahmen nach Absatz 3 als unzureichend erweisen, kann die Entschädigungseinrichtung mit Zustimmung der zuständigen Behörden des Herkunftsstaats die

Zweigniederlassung mt einer Frist von 12 Monaten von der Entschädigungseinrichtung ausschließen. Nach dem Ausschluß haftet die Entschädigungseinrichtung nur noch für Verbindlichkeiten der Zweigniederlassung, die vor Ablauf dieser Frist begründet wurden.

(5) Die Entschädigungseinrichtungen arbeiten in Abstimmung mit der Bundesanstalt mit den Entschädigungseinrichtungen des Herkunftsstaates in den Fällen der Absätze 1 bis 4 zusammen.

-

## § 14

(weggefallen)

-

## § 15 Verschwiegenheitspflicht

Personen, die bei der Entschädigungseinrichtung beschäftigt oder für sie tätig sind, dürfen fremde Geheimnisse, insbesondere Betriebs- oder Geschäftsgeheimnisse, nicht unbefugt offenbaren oder verwerten. Sie sind nach dem Gesetz über die förmliche Verpflichtung nichtbeamteter Personen vom 2. März 1974 (BGBl. I S. 469, 547) von der Bundesanstalt auf eine gewissenhafte Erfüllung ihrer Obliegenheiten zu verpflichten. Ein unbefugtes Offenbaren oder Verwerten im Sinne des Satzes 1 liegt insbesondere nicht vor, wenn Tatsachen an die Bundesanstalt oder die Deutsche Bundesbank weitergegeben werden.

-

## § 16 Nichtanwendung des Versicherungsaufsichtsgesetzes

Die Vorschriften des Versicherungsaufsichtsgesetzes gelten nicht für Entschädigungseinrichtungen im Sinne der §§ 6 und 7 und institutssichernde Einrichtungen im Sinne des § 12.

-

## § 17 Bußgeldvorschriften

(1) Ordnungswidrig handelt, wer

1.

vorsätzlich oder leichtfertig entgegen § 9 Abs. 2 Satz 1 den Jahresabschluß mit dem dazugehörigen Prüfungsbericht nicht, nicht richtig, nicht vollständig oder nicht rechtzeitig einreicht oder

2.

vorsätzlich oder fahrlässig entgegen § 9 Abs. 2 Satz 1

a)

eine Auskunft nicht, nicht richtig, nicht vollständig oder nicht rechtzeitig erteilt oder

b)

eine Unterlage nicht, nicht richtig, nicht vollständig oder nicht rechtzeitig vorlegt.

(2) Die Ordnungswidrigkeit kann mit einer Geldbuße bis zu fünfzigtausend Euro geahndet werden.

(3) Verwaltungsbehörde im Sinne des § 36 Abs. 1 Nr. 1 des Gesetzes über Ordnungswidrigkeiten ist die Bundesanstalt.

-

## § 17a Zwangsmittel

(1) Die Entschädigungseinrichtung kann die Befolgung der Verfügungen, die sie innerhalb ihrer gesetzlichen Befugnisse trifft, mit Zwangsmitteln nach den Bestimmungen des Verwaltungs-Vollstreckungsgesetzes durchsetzen.

(2) Die Höhe des Zwangsgeldes beträgt bei Maßnahmen gemäß § 8 Abs. 1, 2 Satz 1, § 9 Abs. 2 Satz 1, Abs. 3 und 5 Satz 1 und 2 bis zu fünfzigtausend Euro, bei Maßnahmen nach § 9 Abs. 1 Satz 1 bis zu hunderttausend Euro.

-

## § 18 Zeitlicher Anwendungsbereich

(1) Ein Anspruch auf Entschädigung nach diesem Gesetz besteht für einen Entschädigungsfall wegen Nichterfüllung von Verbindlichkeiten aus Wertpapiergeschäften nur, wenn dieser Entschädigungsfall nach dem 25. September 1998 eingetreten ist.

(2) Ansprüche auf Entschädigung nach diesem Gesetz können erstmals ab dem 1. November 1998 angemeldet werden. Sofern die Unterrichtung gemäß § 5 Abs. 2 vorher erfolgt ist, beginnt die Anmeldefrist gemäß § 5 Abs. 3 erst ab dem 1. November 1998.

-

## § 19 Anwendungsbestimmung und Übergangsregelung

(1) Bis zum 31. Dezember 2010 können die Entschädigungseinrichtungen und Institute § 5 weiter in der bis zum

29. Juni 2009 geltenden Fassung anwenden.

(2) Institute, die vor dem 30. Juni 2009 aus einer Entschädigungseinrichtung ausgeschieden sind, können nicht mehr für die Abwicklung von Entschädigungsfällen bei dieser Entschädigungseinrichtung herangezogen werden.

(3) Für Entschädigungsfälle, die vor dem 30. Juni 2009 festgestellt worden sind und bei denen das Entschädigungsverfahren noch nicht abgeschlossen ist, ist § 8 Abs. 3 bis 10 in der ab dem 30. Juni 2009 geltenden Fassung mit folgenden Maßgaben anzuwenden:

1.

An die Stelle der Unterrichtung durch die Bundesanstalt nach § 8 Abs. 3 Satz 1 tritt der 30. Juni 2009.

2.

Hat die Entschädigungseinrichtung zur Deckung des Mittelbedarfs bereits vor dem 30. Juni 2009 einen Kredit aufgenommen, entfällt die Verpflichtung zur Erhebung von Sonderbeiträgen nach § 8 Abs. 3 Satz 1, soweit der Mittelbedarf durch den Kredit gedeckt wird.

(4) Kapitalanlagegesellschaften, die am 29. Juni 2009 eine Erlaubnis zum Erbringen der individuellen Vermögensverwaltung nach § 7 Abs. 2 Nr. 1 des Investmentgesetzes haben und von dieser Erlaubnis länger als ein Jahr keinen Gebrauch gemacht haben, gelten bis zum 29. September 2009 nicht als Institute im Sinne des § 1 Abs. 1 Nr. 4.